Die Möwe und der Gartenzwerg
oder
Wie groß ist die Welt?

Boy Lornsen

Die Möwe
und der Gartenzwerg

oder

mit Bildern
von Manfred Schlüter

Thienemann

CIP-Titelaufnahme der Deutschen Bibliothek
Lornsen, Boy:
Die Möwe und der Gartenzwerg oder wie gross
ist die Welt / Boy Lornsen. –
Stuttgart; Wien: Thienemann, 1989
ISBN 3-522-15130-5

Gesamtausstattung: Manfred Schlüter
Schrift: Garamond
Satz: Uhl + Massopust in Aalen
Reproduktionen: die repro in Tamm
Druck: Gutmann + Co. in Heilbronn
Bindung: Wilhelm Röck in Weinsberg

5 4 3 2

Inhalt

Die Möwe und der Gartenzwerg

„Ich bin es leid!“ sagte der Gartenzwerg. „Vor vier Wochen haben sie Leo mit der Geige in die Mülltonne geworfen. Er wurde seitdem nicht mehr gesehen. Vor vierzehn Tagen ging es Anton mit der Schubkarre nicht besser. Und nun stehe *ich* neben der Tonne. Gartenzwerge sind aus der Mode gekommen, überall.“

Ich muß etwas tun, dachte er.

Er könnte auswandern, sich einen anderen Garten suchen. Aber zu anderen Gärten gehörten andere Häuser, andere Leute und – andere Mülltonnen.

Der verträumte Leo hatte auf dem Stumpf des Birnbaums gestanden, der fleißige Anton unter der Ulme. Und er, der nachdenkliche Herbert mit dem Buch, im Blumenbeet. Bis gestern. Sie waren still gewesen, wie man es von ihnen erwartete, spaßig, niedlich, so entzückend anzusehen. Das war jetzt vorbei.

Nein! Er wollte nicht mehr brav sein, spaßig, niedlich und entzückend!

Und dann dieses Buch! Er hielt es aufgeschlagen in beiden Händen. Aber er las schon lange nicht mehr. Was darin stand, kannte er auswendig.

Wie groß ist die Welt? stand auf der linken Seite. Auf der rechten Seite nichts! Und da hätte die Antwort stehen müssen. Möglich, daß sie auf der nächsten oder übernächsten stand. Aber die Seiten ließen sich nicht umblättern.

Ein Buch stellte eine Frage. Wo blieb die Antwort?

Ein albernes Buch!

Ich will es selber herausfinden, dachte er und sagte laut: „Jetzt gehe ich in die Welt hinaus und nicht in die Mülltonne!“

Und dann schlug die Kirchturmuhr Mitternacht.

Herbert, der Gartenzwerg, stand auf und legte das Buch auf den Hocker, wie immer, wenn er nachts im Garten herumbummelte.

Heute bummelte er nicht. Er ging um das Haus herum auf die Vorderseite und kroch auf dem Bauch unter der Gartenpforte durch. Zum ersten Mal. Auf dem Bürgersteig, an der Bordsteinkante, überlegte er, ob er nach links oder lieber nach rechts gehen sollte. Dabei wurde er von zwei grellen Scheinwerfern gestört, die ihn blendeten. Ein Auto raste vorbei, der Luftzug warf ihn um. Mühsam stand er wieder auf und klopfte sich den gelben Rock ab.

Der erste Versuch, die Welt zu erkunden, war nicht gerade erfolgreich. Nun will ich es mit fragen versuchen! beschloß er.

Er kroch wieder unter der Gartenpforte zurück und ging zu den Tulpen. Sie hatten ihre Kelche schon geschlossen, aber für ihn öffneten sie sich gern.

„Wie groß ist die Welt?“ fragte sie der Gartenzwerg.

„So groß wie unser Beet“, antworteten die Tulpen.

„Die Welt kommt mir größer vor“, sagte der Gartenzwerg, der doch schon bis zur Straße gekommen war.

„Das Beet ist groß genug für uns. Mehr brauchen wir nicht“, sagten die Tulpen und schlossen ihre Kelche.

Vielleicht weiß der Maulwurf mehr, dachte der Gartenzwerg und ging zum Rasen hinüber.

Er hatte Glück. Der Maulwurf streckte gerade seinen Kopf aus einem frischen Hügel heraus.

„Wie groß ist die Welt?“ fragte ihn der Gartenzwerg.

„So weit wie ich wühlen kann“, antwortete der Maulwurf.

„Aber du wühlst nur unter der Erde."

„Na und? Ich will es dunkel und warm in meiner Welt. Keiner braucht mich zu sehen", sagte der Maulwurf und verschwand wieder in seinem Hügel.

Mit dieser Auskunft war der Gartenzwerg auch nicht zufrieden.

Vielleicht weiß der Spatz mehr, dachte er und stellte sich vor den Hausgiebel.

„Wie groß ist die Welt?" rief er nach oben.

„Keine Ahnung! Ich will jetzt schlafen!" rief der Spatz herunter. „Morgen muß ich mein Nest reparieren."

„Na, dann gute Nacht!" sagte der Gartenzwerg enttäuscht. Einen Spatz sollte man nicht fragen, er denkt nicht weiter als sein Schnabel lang ist. Vielleicht weiß Nachbars Kater mehr.

Es traf sich gut. Nachbars Kater kam gerade um die Hausecke geschlichen.

„Wie groß ist die Welt?" fragte ihn der Gartenzwerg.

„Erst kraulen. Vorher kann ich nicht antworten", sagte der Kater, hielt seinen Nacken hin, und der Gartenzwerg kraulte.

„Nun sag schon: wie groß?“

„So groß wie das Dorf natürlich.“

„Nicht größer?“

„Naja, noch ein bißchen Feld drumherum“, sagte Nachbars Kater.

„Dort treffe ich mich oft mit einer guten Bekannten, die im letzten Haus wohnt.“

Auch mit dieser Antwort war der Gartenzwerg nicht zufrieden.

Er legte das alberne Buch auf die Erde und setzte sich wieder auf seinen Hocker.

Ich habe gefragt und gefragt. Jeder antwortete etwas anderes. Ich muß einen finden, der weit herumgekommen ist, dachte er.

Dann schlug die Kirchturmuhr eins.

Gerade wollte er die Augen schließen, da rief eine Stimme:

„He du!“

Eine weiße Möwe stand auf der Mülltonne. Ihr Gefieder leuchtete in der Dunkelheit, und sie war leise gekommen wie der Wind in der Nacht.

„Eine Möwe war noch nie hier“, sagte der Gartenzwerg, „willkommen in meinem Garten!“

„Ich bin auf der Durchreise zum großen Meer", sagte die Möwe, „sah dich unten sitzen, wurde neugierig, und da bin ich!"

„Du kommst gerade zur rechten Zeit. Du bist doch weit gereist. Ich muß dich etwas fragen."

„Mit leerem Magen kann ich leider nicht antworten", sagte die Möwe, „gibt es hier was zu fressen?"

„Gestern morgen haben sie etwas auf den Kompost geworfen", sagte der Gartenzwerg. „Da drüben ist er."

„Schon gesehen", sagte die Möwe, flog zum Kompostkasten und war für eine Weile verschwunden. Der Gartenzwerg wartete geduldig.

„Hat sich gelohnt. Ich bin satt“, sagte sie, als sie zurückkam. „Jetzt kannst du fragen.“

„Wie groß ist die Welt?“ Jetzt stellte er zum fünften Mal dieselbe Frage.

Die Möwe legte den Kopf schräg und dachte nach.

„Ziemlich groß, viel Land und noch mehr Wasser“, antwortete sie.

„Das ist mehr, als ich von den Blumen, dem Maulwurf, dem Spatz und von Nachbars Kater erfahren habe“, sagte der Gartenzwerg.

„Pah! Was wissen *die* schon von der Welt!“ rief die Möwe verächtlich.

„Ich möchte es gern genau wissen. Außerdem will ich hier verschwinden.“ Der Gartenzwerg zeigte auf die Mülltonne. „Leo mit der Geige und Anton mit der Schubkarre hat sie schon verschluckt.“

„Dann hau doch ab!“ sagte die Möwe. Sie war manchmal etwas schnodderig.

„So einfach ist das nicht. Wo soll ich hin? Ich kann nicht fliegen wie du.“

„Wenn du nicht so groß und schwer wärst, könnte ich dich gut auf meinen Rücken nehmen. Auf der Welt gibt es viel zu sehen, und gemeinsam würden wir schon herauskriegen, wie groß sie ist.“

„Ich kann mich auch klein machen.“ Der Gartenzwerg führte vor, was er lange geübt hatte, wurde kleiner und kleiner, bis er gerade noch eineinhalb Finger lang war.

„Kommt es so mit der Größe hin?“ fragte er.

„Das ist ein Ding!“ Die Möwe schlug begeistert mit den Flügeln. „Wie hast du das hingekriegt?“

„Ganz einfach: Ich habe mich klein gedacht.“

„Funktioniert das auch umgekehrt? Kannst du dich auch groß denken? So groß wie ein Mensch?“

„Kein Problem“, sagte der Gartenzwerg, dachte sich größer und größer, bis er an das Garagendach reichte.

„Halt“, rief die Möwe, „ich kriege ja Angst vor dir! Gelingt dir das überall und immer?“

„Wann, wo und so oft ich will“, sagte der Gartenzwerg und dachte sich schnell wieder gartenklein.

„Wenn das so ist, können wir ja losfliegen“, sagte die Möwe.

„Gern, aber zuerst muß ich mich verabschieden, meinen alten Freunden ein paar Worte gönnen, bevor ich gehe.“

„So eilig hab ich's nun auch wieder nicht. Ich kann warten.“

Zuerst ging der Gartenzwerg zu den Tulpen.

„Ich muß euch noch mal stören“, sagte er. „Bevor ich reise, will ich auf Wiedersehen sagen.“

Die Tulpen öffneten wieder ihre Kelche. „Wohin geht's denn?" fragten sie.

„Mit der Möwe in die weite Welt."

„Dann glückliche Reise, Herbert!" riefen die Tulpen und schenkten ihm etwas von ihrem Duft. Für unterwegs.

Der Gartenzwerg wickelte den Duft in sein Taschentuch, bedankte sich und sagte: „Wenn ich daran rieche, werde ich an euch denken."

Dann ging er zum Rasen hinüber.

„Hallo“, rief er in einen Maulwurfshügel hinein.

Es dauerte eine Weile, bis der Maulwurf seinen Kopf herausstreckte. „Was ist denn nun schon wieder?“ fragte er.

„Ich will mich verabschieden“, sagte der Gartenzwerg, „ich gehe mit der Möwe auf Weltreise.“

„Brich dir dabei bloß nicht den Hals, Herbert“, sagte der Maulwurf, kroch in den Hügel und kam mit einem Dutzend Engerlingen wieder heraus: „Damit du nicht verhungerst.“

Der Gartenzwerg stopfte die Engerlinge unter seine Zipfelmütze, bedankte sich und sagte: „Ich hebe sie lieber für die Möwe auf.“

„Soll mir auch recht sein“, sagte der Maulwurf und verschwand unter der Erde.

Da sprang Nachbars Kater über den Wall. Er hatte gelauscht.

„Was höre ich, Herbert? Du willst uns verlassen?“ rief er.

„Es wird Zeit, daß ich die Welt kennenlerne“, antwortete der Gartenzwerg.

„Und wer krault mich, wenn du fort bist?“

„Du wirst schon jemanden finden.“

„Warte, ich bin gleich wieder da." Der Kater verschwand um die Hausecke. Nach kurzer Zeit kam er zurück, mit einem runden Kieselstein zwischen den Zähnen, legte ihn dem Gartenzwerg vor die Füße und sagte: „Mein Geschenk für die Reise."

Der Gartenzwerg nahm ihn, steckte ihn in die rechte Jackentasche und bedankte sich. „Wenn ich den Kieselstein in die Hand nehme, will ich an dich und unseren Garten denken."

Zuletzt stellte er sich vor den Hausgiebel.

„Ade!" rief er nach oben. Der Spatz streckte seinen Kopf über den Nestrand. „Was is'n los?" fragte er verschlafen. „Willst du ausziehn?"

„Nein, aber mit der Möwe verreisen", antwortete der Gartenzwerg.

„Mit der weißen, die auf der Mülltonne sitzt?" fragte der Spatz.

„Ja", sagte der Gartenzwerg, „mit *ihr* will ich herausfinden, wie groß die Welt ist. *Du* weißt es ja nicht."

„Für dich", sagte der Spatz und warf ihm einen Kirschkern vor die Füße, „ich brauche ihn nicht mehr."

Der Gartenzwerg hob den Kirschkern auf, steckte ihn in die linke Jackentasche, bedankte sich und sagte: „Wenn ich gesund zurückkomme, werde ich ihn in die Erde pflanzen."

„Alles erledigt?" fragte die Möwe, als der Gartenzwerg wieder zu ihr kam.

„Einen Augenblick noch."

Der Gartenzwerg versteckte Hocker und Buch unter dem Holunderstrauch, dachte sich klein und stieg auf den Möwenrücken.

„Ich heiße Herbert", sagte er.

„Ich heiße Cosima", antwortete die Möwe.

Das große Meer

„Ab geht's!" sagte Cosima, spreizte die Schwingen und warf sich in die Luft.

Der Wind war früh eingeschlafen, der Mond früh aufgestanden und die Nacht hell und klar. Genau das richtige Wetter zum Fliegen.

„Ich drehe ein paar Runden über deinem Garten, damit du auf die dämliche Mülltonne spucken kannst", sagte Cosima. „Vergiß bloß das Festhalten nicht, Herbert!"

Diese Idee gefiel dem Gartenzwerg. Er hielt sich gut fest und spuckte. Aber immer daneben.

„*Das* mußt du noch üben", sagte Cosima.

Und dann sauste sie über Schornsteine und Fernsehantennen, über Baumwipfel und Stromleitungen in die Welt hinaus. Hinter den letzten Häusern stieg sie hoch in den Himmel hinauf.

„Warum fliegst du so hoch?“

„Ich mag die Höhe. Wir wollen ein bißchen Luftakrobatik machen.“

„Was ist Akrobatik?“ fragte Herbert besorgt. Er hatte kein gutes Gefühl.

„Gleich wirst du es wissen. Jetzt mußt du dich gut festhalten.“

Sie flog eine Steilkurve nach links, eine nach rechts, drehte einen Kreis und noch einen, malte eine saubere Acht in die Luft, stürzte auf die Erde hinab, als wollte sie ein Loch hineinbohren und stieg, bevor ein Unglück passierte, wieder zum Himmel hinauf.

Herbert, der Gartenzwerg, bekam Ohrensausen von dieser Fliegerei. Er klammerte beide Hände um den Möwenhals, preßte die Beine fest an den Möwenbauch und hoffte, daß bald Schluß war mit dieser Akrobatik.

„Das genügt“, sagte Cosima. „Hältst du das aus? Wir könnten es mal brauchen.“

„Hoffentlich nicht“, sagte Herbert.

Nun flogen sie über Wiese, Wald und Feld immer geradeaus auf den Vollmond zu.

„Wohin geht es zuerst?“ fragte Herbert.

„Ans Meer natürlich. Kannst du es schon riechen?“

„Ich weiß doch nicht, wie das Meer riecht.“

„Ach so“, sagte Cosima, „daran hab ich nicht gedacht. Dann mußt du warten, bis du es siehst.“ Sie schlug ihre Flügel schneller auf und ab.

Zuerst sah der Gartenzwerg einen schmalen Silberstreifen in der Ferne. Er wurde breiter, je näher sie kamen. *Das* war also das Meer.

„Silberwassser! So weit ich sehen kann“, rief er.

„Was du jetzt siehst, ist nur ein kleiner Zipfel vom Meer“, sagte Cosima.

„Und ich dachte, Wasser wäre durchsichtig.“

„Wenn der Mond darauf scheint, ist es silbern. Tagsüber ist es blau, grün oder grau, und in dunklen Nächten wird es schwarz. Und wenn der Sturm bläst, schlägt er das Wasser zu weißem Schaum.“

„Merkwürdig“, sagte Herbert, als sie am Strand entlang flogen. „Ich sehe soviel Neues.“

„Du kannst mich nach allem fragen. Jetzt fliegen wir über den schönen weißen Strand.“

Auf dem schönen weißen Strand lagen Kisten, Flaschen, allerlei Gegenstände aus Plastik, kaputte Schuhe und noch viel mehr.

„Wie kommt der Müll auf den Strand?“ fragte Herbert verwundert.

„Die Menschen werfen ihn ins Meer. Das Meer will ihn auch nicht haben und spült ihn auf den Strand zurück. – Wenn wenigstens etwas Freßbares dabei wäre!“

„Merkwürdig“, sagte der Gartenzwerg wieder, „meine Leute werfen den Müll in die Mülltonne. Ist das Meer denn auch eine Mülltonne?“

„Das mußt du die Menschen fragen“, sagte Cosima und flog weiter am Strand entlang. Dann landete sie zwischen einem Bündel Seetang und einem Plastikkanister.

Herbert sah sich um.

„Was ist das für ein häßlicher schwarzer Klumpen?“ fragte er.

„Das“, sagte Cosima leise, „war einmal eine weiße Möwe wie ich.“

„Was ist mit ihr passiert?“ fragte der Gartenzwerg erschrocken.

„Auch *das* mußt du die Menschen fragen", antwortete Cosima, „sie lassen eine buntschillernde Haut auf dem Wasser schwimmen. Wer sie nicht kennt und hineintaucht, verklebt sich die Federn und kann nicht mehr fliegen."

„Und was dann?"

„Dann stirbt man und liegt später als schwarzer Klumpen auf dem Sand", sagte Cosima. „Und der Sand ist voller schwarzer Klumpen."

„Die Menschen müssen doch sehen, was sie da tun!" rief Herbert empört. „Warum hören sie nicht damit auf?"

„Sie hören nicht auf", sagte die Möwe Cosima, „ich weiß auch nicht, warum."

Der Gartenzwerg war traurig. Er zog sein Taschentuch heraus, roch daran, dachte an seine Blumen, an seinen Garten und an alles, was darin lebte.

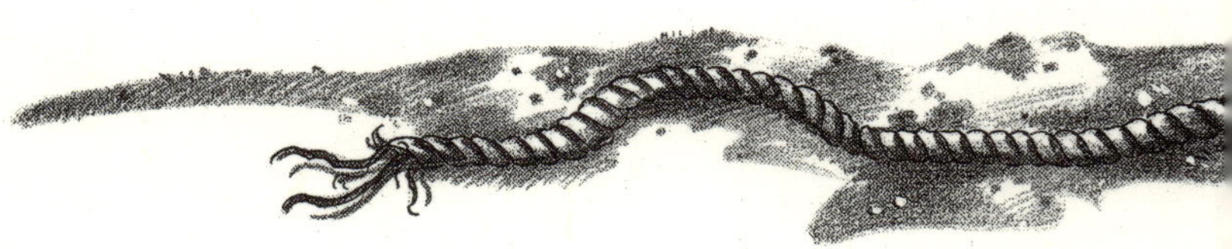

Und dann flogen sie weiter. Der Wind war wieder aufgewacht, hatte die Wolken vor den Mond geschoben und das Meer schwarz gemacht.

„Die Nacht ist bald vorbei", sagte Cosima. „Ich will den Kopf unter einen Flügel stecken. Morgen werden wir weit auf das Meer hinaus fliegen, und dazu muß ich ausgeruht sein."

Hinter einer Fischkiste aus Schottland, die der Sturm am Strand abgeladen hatte, fanden sie einen geschützten Platz.

Cosima steckte den Kopf unter ihren rechten Flügel. Herbert stieg ein wenig steifbeinig von ihrem Rücken, stellte sich neben sie und bewachte ihren Schlaf.

Die Ruhe dauerte nicht lange.

Mit wildem Geschrei stieß eine fremde Möwe auf sie herab.

Bevor Herbert wußte, was geschah, breitete Cosima einen Flügel schützend über ihn und schrie: „Verschwinde hier!"

„Man wird ja wohl mal gucken dürfen", sagte die fremde Möwe und flog ärgerlich davon.

„Was wollte sie von uns? War sie böse?" fragte Herbert. Der Zwischenfall hatte ihm einen Schreck eingejagt.

„Nicht böse, aber hungrig. Sie hielt dich für einen Leckerbissen. Möwen sind immer hungrig, mußt du wissen. Ich schlage vor, du denkst dich groß, dann kann so etwas nicht wieder vorkommen", sagte Cosima und steckte den Kopf unter ihren rechten Flügel.

„Ich bin schon dabei", sagte Herbert, wuchs und dachte sich gartengroß. „Die Welt ist groß, voller Gefahren. Nicht nur für Gartenzwerge!"

Der Blauwal

Als die Morgensonne über die Dünen stieg, glättete die Möwe ihr Gefieder. „Das wird ein schöner Tag“, sagte sie.

„Mit einem blauen Meer“, rief Herbert, „wie du versprochen hast.“

„Jaja, aber ich habe Hunger und muß Futter besorgen, bevor wir auf die lange Reise gehen.“

Das sah der Gartenzwerg ein. Er dachte sich möwenklein, stieg auf den Möwenrücken, und dann waren sie in der Luft.

„Ich habe schon entdeckt, was ich brauche“, rief Cosima. „Siehst du den kleinen schwarzen Punkt, weit draußen auf dem Wasser?“

„Ich sehe nur Wasser."

„Der kleine schwarze Punkt ist ein Fischkutter. Und wo Fischkutter sind, gibt es Futter für Möwen."

Der Gartenzwerg hatte noch nie ein Schiff gesehen. „Was ist ein Fischkutter?" fragte er.

„Das wirst du gleich sehen", sagte Cosima. „Wir müssen uns beeilen, damit wir die ersten sind. Ich bin nicht die einzige hungrige Möwe, die nach Fischkuttern Ausschau hält. Mach dich auf etwas Luftakrobatik gefaßt!"

Bald war aus dem kleinen schwarzen Punkt ein Schiff geworden, das blaue Rauchwolken aus einem dünnen Schornsteinrohr stieß.

Cosima umkreiste den Fischkutter und sagte: „Er hat schon gefischt, die Netze sind eingeholt. Jetzt fährt er in den Hafen zurück. Aah! Sie haben mich gesehen und werfen Fischabfälle ins Wasser. Festhalten, Herbert!“ Cosima schoß steil nach unten und holte sich den ersten Bissen. Dann ging es auf und ab, von oben nach unten und von unten nach oben.

Wie gut, daß wir Kunstflug geübt haben, dachte Herbert und hoffte, daß Cosima bald satt war.

Jetzt war die Luft voll von Möwen, die durcheinander wirbelten, heiser schrien und versuchten, sich die besten Bissen zu schnappen.

„Das war ein Festmahl“, sagte sie.

„Warum fangen die Menschen denn Fische?“ fragte Herbert.

„Weil Menschen und Möwen gern Fische essen“, antwortete Cosima und flog in die Richtung, wo Wasser und Himmel einander berührten.

Herbert drehte sich noch einmal nach dem Fischkutter um. „Die Schiffe sind sehr groß“, sagte er, „größer als Autos.“

„Das war nur ein kleines. Ich habe schon Schiffsriesen gesehen“, sagte Cosima.

„Und wo kann man Schiffsriesen sehen?“

„Weit draußen auf dem Meer. Wir werden sicher einen treffen.“

„Was geschieht, wenn du unterwegs müde wirst und nicht weiterfliegen kannst?“ fragte Herbert besorgt.

„Dann schwimme ich“, sagte Cosima.
„So einfach ist das.“

Sehr praktisch, wenn ich auf ihrem Rücken sitzenbleiben kann, dachte der Gartenzwerg.

Aber die Möwe schlug Stunde um Stunde die Flügel auf und ab, ohne müde zu werden. Und kein Schiff in Sicht. Herbert wurde schon ungeduldig.

„Wann treffen wir endlich den Schiffsriesen?“ fragte er.

„Das Meer ist groß. Darin werden sogar Schiffsriesen winzig klein. Es kann noch etwas dauern“, antwortete Cosima.

Wenn ich nicht genau wüßte, daß mein Garten zu Hause festes Land ist, müßte ich jetzt glauben, die ganze Welt wäre nur Wasser, dachte Herbert.

Cosima flog eine sanfte Kurve nach Norden zu und sagte: „Wir wollen uns mal in dieser Richtung nach Schiffen umsehen."

Und wieder flogen sie lange Zeit, ohne ein einziges Schiff zu treffen. Aber eine andere Möwe begegnete ihnen. Sie war auf der Reise nach Süden, kam nahe heran und fragte neugierig: „Was hast du da auf deinem Rücken sitzen?"

„Einen Gartenzwerg", sagte Cosima. „und Gartenzwerge sind kein Möwenfutter."

„Ach so", sagte die andere Möwe, „war auch nur eine Frage."

„Ich will dich auch was fragen", sagte Cosima. „Hast du vielleicht unterwegs einen Schiffsriesen getroffen?"

„Einen Schiffsriesen nicht, aber andere Riesen. Ich habe ein paar Wale gesehen."

„Was sind Wale?" fragte Herbert.

„Nanu? Reden kann der auch noch! Und Wale kennt er nicht? Dein Gartenzwerg ist ja noch dümmer als ein junger Hering. Na, dann guten Flug“, sagte sie und flog weiter nach Süden.

„Ärgere dich nicht“, sagte Cosima. „Sie weiß auch nicht alles.“

„Sie hat nicht unrecht. Ich bin wirklich dumm, was die Welt angeht. Aber ich lerne dazu. Sag *du* mir bitte, was ein Wal ist.“

„Ich will es nicht vorher verraten“, antwortete Cosima. „Wenn wir einen Wal treffen, soll es eine Überraschung für dich sein.“

Cosima und Herbert waren wieder allein über dem Meer. Die Möwe flog unermüdlich, und wenn sie sich einen Augenblick ausruhen wollte, ließ sie sich mit ausgebreiteten Schwingen von der Luft tragen. So ging es lange Zeit.

„Herbert!“ schrie sie plötzlich. „Vor uns schwimmt einer!“

„Meinst du den Springbrunnen da?“ fragte Herbert aufgeregt. „Der gehört doch in den Garten.“

„Der gehört zum Wal! Den bläst er in die Luft, wenn er auftaucht.“

„Hoffentlich taucht er schnell auf. Ich möchte gern einen Wal sehen und mit ihm sprechen“, sagte Herbert.

„Wir können es versuchen“, sagte Cosima und flog auf den Springbrunnen zu.

Der Wal stellte seinen Springbrunnen ab. Zuerst tauchte ein riesiger blauer Rücken mit einer breiten Schwanzflosse auf, dann ein großer Kopf mit kleinen Augen. Wie eine Insel ragte der Riese aus dem Wasser.

„Hallo! Sind Sie heute zum Reden aufgelegt?" rief die Möwe nach unten.

„Kommt darauf an, *wer* mit mir reden will und *was* er zu sagen hat. Für Menschen bin ich nicht zu sprechen", antwortete der Wal mit einer Stimme, die tief aus seinem Bauch kam.

„Wir sind zu zweit“, sagte Cosima, „eine Möwe und ein Gartenzwerg.“

„Eine Möwe? Das ist gut. Aber einen Gartenzwerg kenne ich nicht“, sagte der Wal.

„Er ist klein, steht im Garten herum und tut keinem was“, antwortete Cosima schnell.

„Tut keinem was? Dann kann er kein Mensch sein“, sagte der Wal.

„Mein Gartenzwerg kann auch nicht fliegen oder schwimmen. Aber er ist sehr wißbegierig. Darum habe ich ihn auf den Rücken genommen. Damit er endlich aus seinem Garten herauskommt und die Welt sieht.“

„Soso“, sagte der Wal. „Dann flieg mal vor mein linkes Auge, damit ich euch besser beäugen kann.“

„Warum gerade vor das linke Auge?“ fragte Cosima erstaunt. „Wir fliegen doch an Ihrer rechten Seite.“

„Mit dem linken Auge kann ich besser sehen“, sagte der Wal.

Die Möwe wechselte auf die linke Seite hinüber, ließ sich nach unten gleiten und flatterte vor dem linken Walauge auf der Stelle.

Der Wal beäugte sie gründlich.

„Das genügt“, sagte er. „Dieser Knirps auf deinem Rücken, den du Gartenzwerg nennst, scheint mir ungefährlich. Setzt euch lieber vorn auf meinen Kopf, dann können wir miteinander reden. Das Geflatter vor meinem Auge macht mich nervös.“

Cosima landete auf dem Walkopf. Herbert blieb auf ihrem Rücken sitzen und bestaunte den gewaltigen Wal.

„Laß *mich* mit ihm reden“, flüsterte er der Möwe zu und rief laut: „Guten Tag, Herr Wal!“

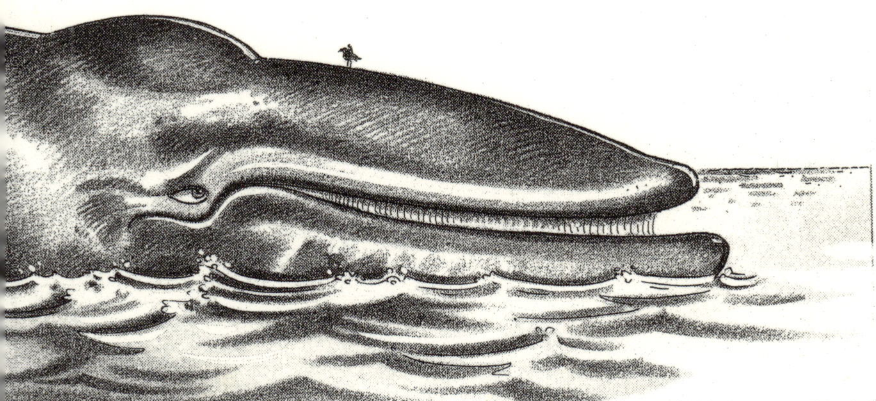

„Blauwal, bitte! Ich bin der größte Wal! Und den ‚Herr' könnt ihr weglassen. Den gibt es bei uns im Wasser nicht."

„Ich werde es mir merken", sagte der Gartenzwerg höflich. „Sie sind der erste Blauwal, den ich treffe."

„Und Sie der erste Gartenzwerg, mit dem ich spreche", sagte der Blauwal.

„Ihre Größe beeindruckt mich", sagte Herbert.

„Meine Größe beeindruckt alle", sagte der Blauwal stolz.

Er übertreibt nicht, dachte der Gartenzwerg und sagte: „Sie kommen sicher weit herum. Ich habe eine Frage. Vielleicht wissen Sie die Antwort?"

„Fragen Sie nur", sagte der Blauwal.

„Wie groß ist die Welt?" fragte der Gartenzwerg.

„So groß wie das Meer", antwortete der Blauwal. „Und das Meer ist groß. Und tief. Und schön. Aber nur für den, der am Leben bleibt. Und damit steht es bei uns schlecht."

„Aber der Größte hat doch niemanden zu fürchten!" rief Herbert.

„Wenn das nur so wäre!" grollte der Wal. „Die

Menschen sind hinter uns her. Wir können uns nicht in der Tiefe verbergen, weil wir Luft brauchen. Deshalb steigen wir ab und zu nach oben. Diesen Augenblick warten die Menschen ab und schießen uns ihre Harpunen in den Rücken."

„Das verstehe ich nicht", sagte der Gartenzwerg. „Warum tun die Menschen das?"

„Warum! Warum? Sie wollen uns töten!" brüllte der Blauwal. Die Möwe warf sich vor Schreck in die Luft, und der Gartenzwerg fiel fast von ihrem Rücken.

„Kommt und setzt euch wieder", sagte der Blauwal. „Immer wenn ich daran denke, brülle ich. *Wir* sind Riesen und *sie* Zwerge! Aber diese Zwerge sind stärker als wir Walriesen." Der Blauwal dachte an den Gartenzwerg auf dem Möwenrücken und sagte schnell dazu: „*Menschenzwerge*, natürlich."

Dann seufzte er tief und sagte so leise, daß die beiden es gerade noch hören konnten: „Wir Wale werden immer weniger..."

Die Menschen tun schlimme Dinge, dachte der Gartenzwerg, holte sein Taschentuch heraus und roch am Duft der Blumen.

„Mögen die Menschen denn keine Blauwale mehr? Sind sie auch ‚aus der Mode' gekommen wie wir Gartenzwerge?" fragte er.

„Ich weiß nur, daß sie uns jagen, aber nicht, warum", sagte der Blauwal, stellte seine Schwanzflosse steil auf und tauchte so schnell, daß Cosima einen Blitzstart machen mußte.

„Er hätte wenigstens Bescheid sagen können", sagte sie ärgerlich.

„Ich hätte mich gern noch von ihm verabschiedet", sagte Herbert.

Plötzlich tauchte der Blauwal wieder auf, stellte den Springbrunnen an und rief: „Könnt ihr den Menschen nicht sagen, sie sollen die Wale in Frieden leben lassen? Vielleicht hören sie auf einen Gartenzwerg!"

„Ich will es versuchen, das verspreche ich Ihnen", antwortete Herbert und rief schnell noch: „Auf Wiedersehen!"

Aber das hörte der Blauwal nicht mehr. Er tauchte unter.

„Mich hat er mit keinem Wort erwähnt", sagte Cosima enttäuscht.

„Sei nicht traurig“, sagte Herbert. „Wer so große Sorgen hat wie er, kann nicht an alles denken.“

Aber der Blauwal tauchte *noch* einmal auf.

„Auf Wiedersehen, ihr beiden! Und vergeßt mich nicht!“ rief der Wal mit der Stimme, die tief aus seinem Bauch kam.

„Auf Wiedersehen!“ riefen Herbert und Cosima.

„Der Blauwal hat ‚ihr beiden‘ gesagt.“ Cosima war zufrieden.

Die Insel auf Beinen

Im Westen tauchte die Sonne als roter Ball ins Meer. Und im Osten stieg die Nacht als schwarze Wand auf.

„Kein fester Platz weit und breit", sagte Cosima. „Wir müssen wohl auf dem Wasser übernachten."

Dazu hatte Herbert keine Lust. Er fürchtete sich vor der Schaukelei, sagte es aber nicht laut.

Als der halbe Himmel schwarz war, entdeckten sie einen dicken Balken, der einsam im Wasser trieb.

„Der kommt wie gerufen. Ich muß mich einen Augenblick ausruhen“, sagte Cosima und landete auf dem Holz, das mit grünen Algen und weißen Seepocken bewachsen war. „Wenn ich bloß nicht solchen Hunger hätte! Aber Algen und Seepocken sind kein Möwenfutter.“

Herbert dachte an die Engerlinge unter seiner Zipfelmütze, holte einen heraus und hielt ihn der Möwe vor den Schnabel.

„Was ist das? Eine Laus?“ fragte Cosima.

„Das ist ein Engerling“, sagte Herbert. „Der Maulwurf hat mir welche für die Reise mitgegeben, und ich habe sie für dich aufbewahrt.“

„Engerlinge sind größer“, sagte die Möwe.

„Oh, ich vergaß, daß ich jetzt möwenklein bin.“ Herbert stopfte den winzigen Engerling wieder unter die Zipfelmütze, stieg vom Möwenrücken auf den Balken und dachte sich gartengroß. Jetzt hatten die Engerlinge wieder die richtige Größe.

Cosima verschlang alle zwölf auf einmal.

„Besser als nichts“, sagte sie.

„Können wir jetzt weiterfliegen?“ fragte Herbert. „Ich kann die Schaukelei nicht gut vertragen.“

„Steig auf!“ sagte Cosima.

Herbert dachte sich wieder möwenklein, stieg auf ihren Rücken, und dann flogen sie weiter.

Als der Himmel ganz schwarz war, sahen sie in der Ferne viele Lichter über dem Wasser schweben.

„Vielleicht finden wir dort festes Land“, sagte Cosima und flog auf die Lichter zu.

Als sie nahe heran waren, rief sie: „Nanu? Eine Insel, die auf Beinen im Meer steht?“

„Das muß Menschenwerk sein“, sagte Herbert. „Wer Autos und Schiffe fahren läßt, kann auch eine Insel auf Beinen ins Meer stellen, denke ich.“

„Ich sehe zwei Kräne, einen hohen Gitterturm und mehrere Stockwerke übereinander. Das gibt es sonst nur in den Häfen“, sagte Cosima, „eine komische Insel ist das!“

„Und ich sehe Möwen!“ rief Herbert.

„Dann gibt es dort Futter, sonst wären keine da.“

Sie landeten auf dem Geländer des unteren Stockwerks vor einer Tür. Aus dem offenen Fenster daneben roch es angenehm nach Essen.

„Ich fliege mal eben zu den anderen Möwen. Was hast du vor?"

„Ich will fragen, warum die Menschen eine Insel auf Beinen ins Meer stellen."

Cosima setzte Herbert auf dem Boden ab. Er dachte sich menschengroß, und sie sah ihm dabei zu.

„Das genügt", sagte sie. „Oder willst du ein Riese sein?"

„Lieber nicht", sagte der Gartenzwerg. „Ein Riese fällt überall auf, und auffallen möchte ich nicht gerade."

„Bis später!" sagte Cosima und schwang sich eilig in die Luft.

„Wir treffen uns hier wieder. Nicht vergessen!" rief Herbert ihr noch nach, und dann machte er sich auf den Weg.

Im unteren Stockwerk traf er keinen Menschen.

„Irgendwo muß doch jemand sein", murmelte er und stieg die Treppe zum nächsthöheren Stockwerk hinauf. Dort versperrte ihm ein Mann im roten Overall mit einem gelben Helm auf dem Kopf den Weg.

„Halt!" sagte er. „In welcher Verkleidung laufen Sie denn hier herum? Wohl einer von den Neuen?"

„Ich bin zum ersten Mal hier", sagte der Gartenzwerg.

„Wer bei uns ohne Schutzhelm erwischt wird, zahlt Strafe. Schutzhelm ist Vorschrift. Nehmen Sie mal Ihre komische Zipfelmütze ab. Man könnte fast glauben, Sie wären ein Gartenzwerg."

„Ich bin auch einer", sagte der Gartenzwerg und nahm die Zipfelmütze ab.

„Hahaha! Sie machen Witze!" Der Mann im roten Overall schlug dem Gartenzwerg kräftig auf die Schulter. „Lassen Sie sich so lieber nicht vom Chef sehen. Ich kann Spaß verstehen, aber der nicht."

Er nahm seinen gelben Helm ab und stülpte ihn dem Gartenzwerg auf den Kopf.

„Paßt!“ sagte er. „Den leihe ich Ihnen so lange, bis Sie sich einen geholt haben. Damit Sie es wissen: ich bin der Werkmeister. Schutzhelme und Arbeitskleidung werden im unteren Deck ausgegeben. Tür siebzehn. Welchem Trupp sind Sie überhaupt zugeteilt?“

Was mag ein Trupp sein? dachte der Gartenzwerg. Und weil er nicht fragen wollte, antwortete er: „Keinem Trupp.“

Der Werkmeister sah ihn erstaunt an. „Keinem Trupp? Sind Sie etwa ein Zeitungsschreiber?“

„Nein“, sagte der Gartenzwerg, „ich möchte nur etwas fragen.“

Dem Werkmeister fiel ein, daß gelegentlich ein Kontrollingenieur der Gesellschaft unerkannt auf die Insel kam, sich alles ansah und viele unangenehme Fragen stellte. Sollte das einer sein?

„Sind Sie mit dem Schiff gekommen oder geflogen?“ fragte er.

„Geflogen“, antwortete der Gartenzwerg.

„Dann sind Sie gestern gekommen?“

„Nein, heute."

Heute ist noch kein Hubschrauber gelandet, dachte der Werkmeister. Oder vielleicht doch? Ich war unten in Ständer IV. Dort hört man kaum, was auf dem Oberdeck passiert.

„Was wollen Sie wissen?" fragte er.

„Können Sie mir sagen, warum diese Insel auf Beinen im Meer steht?" fragte der Gartenzwerg.

Laß dir nichts anmerken, dachte der Werkmeister. Wenn der blöde Fragen stellen will, soll er doch. „Wir sind Bohrinsel Wassermann Neun, auf zweitausend Meter Tiefe fündig geworden, und fördern seit vier Wochen", antwortete er.

„Und warum bohren Sie im Wasser herum?"

„Wir bohren nicht im Wasser herum, wir bohren in den Meeresboden hinein."

„Ist unter dem Wasser denn noch festes Land?" fragte der Gartenzwerg.

„Unter jedem Wasser ist Land. Aber keine Angst, wir kommen nicht auf der anderen Seite der Erde heraus. Unsere Bohrer sind nicht lang genug."

„Und haben Sie etwas im Meeresboden gefunden?" fragte der Gartenzwerg.

„Selbstverständlich. Den Stoff, der alles in Bewegung hält. Was sonst! Wie wollen Sie anders autofahren?“

„Ich kann nicht autofahren“, sagte der Gartenzwerg.

„Dann fahren Sie eben mit der Eisenbahn oder fliegen. Aber das geht auch nicht ohne den Stoff.“

Der Gartenzwerg überlegte einen Augenblick und fragte dann:

„Schwimmt der Stoff, der alles in Bewegung hält, auch auf dem Wasser?“

„Selten“, sagte der Werkmeister. „Dazu ist er zu teuer.“

„Macht er aus lebendigen weißen Möwen tote schwarze Klumpen?“ fragte der Gartenzwerg.

„Dann war es ein Unglück. Und sowas passiert bei *uns* nicht!“

„Wirklich nicht?“

„Alles doppelt und dreifach gesichert. Meinen Sie, ich möchte, daß Robert und Melanie etwas zustößt?“

„Wer ist Robert? Und wer ist Melanie?“

„Meine beiden Brieftauben, die hier auf der Bohrinsel sind. Der Chef hat nichts dagegen.“

„Robert und Melanie sind auch nicht sicher, wenn solche Unglücke nicht bald aufhören“, sagte der Gartenzwerg.

Ein merkwürdiger Kontrollingenieur, dachte der Werkmeister. Was kann ich ihm darauf nur antworten?

„Wir werden die Sache schon in den Griff bekommen“, sagte er schließlich.

„Wann?“ fragte der Gartenzwerg.

„Irgendwann. Aber Sie wissen doch: zuerst kommt der Mensch und was *ihm* nutzt.“

„Noch eine Frage“, sagte der Gartenzwerg: „Wie groß ist die Welt?“

„Die Welt ist so groß ...“

Statt der Antwort gab es einen gräßlichen Lärm, so daß der Gartenzwerg sich die Ohren zuhielt.

„Der Hubschrauber mit den Ersatzteilen!“ schrie der Werkmeister, ließ den Gartenzwerg stehen und rannte die Treppe nach oben. Ohne Schutzhelm.

Von allen Seiten hasteten Männer in roten, gelben und grünen Overalls am Gartenzwerg vorbei zum Hubschrauberdeck.

„Ich will zurück zu Cosima“, sagte Herbert und nahm die Treppe nach unten.

Die Möwe wartete schon auf dem Geländer. „Hast du den Hubschrauber gehört?“ fragte sie.

„Warum macht er diesen gräßlichen Lärm?“ fragte Herbert.

„Fast alle Flugmaschinen der Menschen machen gräßlichen Lärm“, sagte Cosima.

„Fliegen die Menschen denn mit Maschinen?“

„Ein anständiger Vogel schlägt seine Flügel leise auf und ab. Aber sie können nur mit Krachmaschinen fliegen“, sagte die Möwe verächtlich. „Übrigens – was hat der komische gelbe Topf zu bedeuten?“

„Der komische gelbe Topf ist ein Schutzhelm.“

„Und wie kommt der auf deinen Kopf?“

„Der Werkmeister hat ihn mir aufgesetzt. Sonst müßte ich Strafe zahlen, sagte er."

„Diese Menschen denken sich jeden Tag etwas Neues aus", sagte Cosima. „Hast du wenigstens herausbekommen, wie groß die Welt ist?"

„Nein", sagte Herbert. „Der Hubschrauber kam dazwischen. Aber ich weiß jetzt, warum diese Insel auf Beinen im Meer steht."

„Und warum?"

„Weil sie den Stoff aus dem Meeresboden holt, der die Welt bewegt. Und das ist der Stoff, der auf dem Wasser schwimmt und weiße Möwen zu schwarzen Klumpen macht. Es soll ein Unglück sein, sagte mir der Werkmeister."

„Und wann hört das Unglück auf? Hat er das auch gesagt?"

„Irgendwann, sagte er."

„Wann ist irgendwann?" fragte die Möwe Cosima.

„Das hat er nicht gesagt", antwortete der Gartenzwerg.

„Ich bleibe keinen Augenblick länger auf dieser Insel! Lieber will ich die ganze Nacht fliegen!" schrie die Möwe.

Herbert nahm den gelben Schutzhelm ab, legte ihn neben die Tür, setzte wieder die Zipfelmütze auf, dachte sich möwenklein und stieg auf.

Cosima spreizte die Flügel und stieß sich in die Luft. Die Lichter der Bohrinsel blieben immer weiter zurück. Bald waren sie wieder allein in der schwarzen Nacht.

Auch der Hubschrauber flog ab. Der Werkmeister fütterte Robert und Melanie. Als er seine schneeweißen Tauben ansah, dachte er: Ich will noch mal alle Ventile auf Dichtigkeit prüfen. Er zog wieder den roten Overall an.

Als er mit Nummer 16 fertig war, kam der Pumpenmeister vorbei. „Nanu?“ sagte er. „Die Ventile hast du doch schon heute morgen nachgesehen.“

„Dann prüfe ich eben nochmal!“ antwortete der Werkmeister. „Weißt du, ob auch heute morgen ein Hubschrauber kam?“

„Nein, es kam nur einer, der mit den Ersatzteilen. Warum fragst du?“

„Sonderbar“, sagte der Werkmeister. „Da war ein Kontrollingenieur und behauptete, er wäre hierher geflogen. Und er stellte sehr merkwürdige Fragen.“

„Alle Kontrollingenieure stellen merkwürdige Fragen“, sagte der Pumpenmeister. „Vergiß ihn! Treffen wir uns gleich in der Kantine?“

„Nein, heute habe ich keine Lust“, antwortete der Werkmeister.

Als er kurz danach seinen gelben Schutzhelm auf dem unteren Deck neben der Tür wiederfand, sagte er laut: „Jetzt läuft der Kerl wieder ohne Schutzhelm herum. Wenn ich ihn noch mal treffe, muß er zahlen!“

Der Schiffsriese

Wo Himmel und Wasser zusammenstießen, ganz hinten, tauchte er auf. Zuerst die Masten, dünn wie Spinnenbeine, dann der Schornstein, gelb mit rotem Ring, zuletzt der Schiffsrumpf, schneeweiß.

Der Schiffsriese war da! Endlich.

Er fuhr von Süden nach Norden. Und weil die Möwe von Norden nach Süden flog, kamen sie einander schnell näher.

„Hab ich dir zuviel versprochen?“ fragte Cosima.

Herbert antwortete nicht. So groß hatte er sich einen Schiffsriesen nicht vorgestellt. Und er wurde immer größer, je näher sie sich kamen.

„Warum sagst du denn nichts? Kannst du nicht mehr sprechen?“ fragte Cosima.

„Riesig ist er und schön und schneeweiß wie eine Möwe“, antwortete Herbert endlich.

„Das ist ein Passagierschiff. Damit reisen die Menschen über das Meer, und die Möwen natürlich auch.“

„Bist du denn schon mit einem gereist?“ fragte Herbert.

„Nein. Aber ich weiß, wie es dort aussieht. Eine sehr alte und kluge Möwe hat mir mal... Das erzähle ich dir lieber später. Zuerst wollen wir auf dem Schiff landen und eine passende Windhutze suchen.“

„Was ist eine Windhutze?“ fragte Herbert.

„Das erfährst du auch noch“, sagte Cosima, flog eine Linkskurve und steuerte den weißen Schiffsriesen von hinten an. Auf dem oberen Deck fand sie einen Lüfter, der sein großes Maul nach hinten öffnete, und da hinein setzte sie sich.

„Das ist eine Windhutze", sagte sie. „Wenn ihr Maul nach vorne zeigt, saugt sie kalte Luft ein. Wenn es nach hinten zeigt, pustet sie warme Luft aus. Ein angenehmer Platz für eine Möwe."

„Aber nicht für einen Gartenzwerg!" Herbert drehte sich um und sah ängstlich in die schwarze Tiefe. „Wenn ich da reinfalle, sehen wir uns nie wieder", sagte er. „Setz mich bitte auf sicheren Boden."

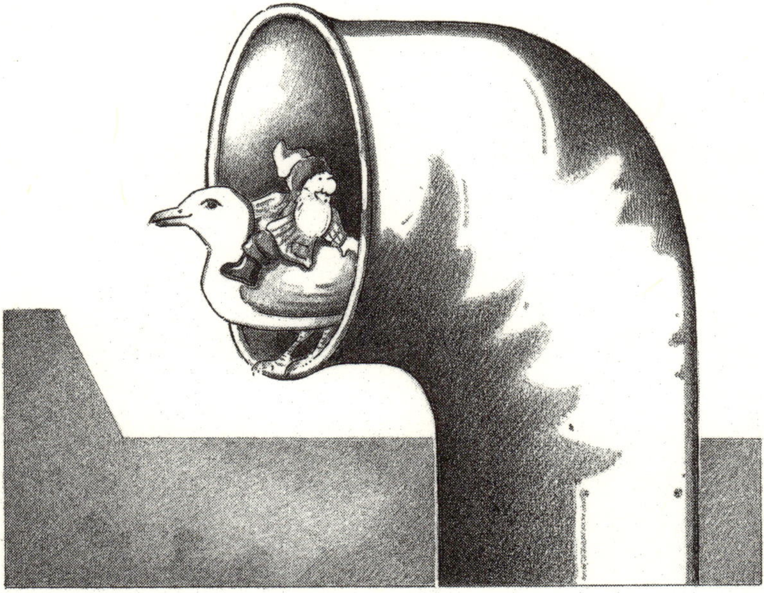

„Wie du willst.“ Cosima flog zum Schornstein hinüber, und neben der Kiste mit der Aufschrift SCHWIMMWESTEN stieg Herbert von ihrem Rücken.

„Wie war das mit der sehr alten und sehr klugen Möwe?“ fragte er. „Von ihr mußt du noch erzählen, bevor du in deine Hutze zurückfliegst.“

„Ich traf sie in einem Hafen. Und weil ich gerade reichlich Futter hatte, teilte ich meinen Fisch mit ihr. So kamen wir ins Reden. Die längste Zeit ihres Lebens war sie mit einem Passagierschiff gereist und beschrieb es mir so genau, daß ich es gleich erkannte. Das Futter war gut, sagte sie, und der beste Platz zum Ausruhen eine Windhutze, die ihr Maul nach dem Schiffsende öffnet. Gutes Futter und keine Sorgen. Das hat man gern.“

„Und warum ist die kluge Möwe nicht auf dem Schiff geblieben? Du hast sie doch im Hafen getroffen.“

„Das war so“, sagte Cosima, „als sie sich einmal zu weit von ihrem Schiff entfernte, konnte sie es nicht mehr einholen. Das gute Leben an Bord hatte sie fett und faul gemacht.“

Die Möwe flog an ihren warmen Platz zurück. Der Gartenzwerg versteckte sich hinter der Schwimmwestenkiste und dachte sich gartengroß. Dann ruhten beide von ihrem anstrengenden Flug aus. Die Sonne ging unter, die Dämmerung kam, und der Schiffsriese ließ seine Lichter aufleuchten.

„Hab ich einen Hunger!" rief Cosima nach einer Stunde aus der Windhutze zur Schwimmwestenkiste hinüber.

Herbert kroch aus seinem Versteck und ging zu Cosima hinüber.

„Ich will mir das Schiff ansehen", sagte er. „Vielleicht treffe ich *hier* jemand, der mir sagen kann, wie groß die Welt wirklich ist."

Er dachte sich groß und größer.

„Jetzt bist du mittelgroß", sagte Cosima.

„Dann lassen wir es dabei. Treffen wir uns hier wieder?"

„Ja. Und vergiß ja nicht, dir den Rückweg gut zu merken. Diese Schiffe haben Treppen und Gänge, Ecken und Winkel", sagte Cosima noch, bevor sie davonflog.

Das obere Deck war menschenleer. Der kalte Fahrtwind hatte die Passagiere in die unteren Stockwerke vertrieben. Der Gartenzwerg ging zuerst auf das Schiffsende zu, lehnte sich an das Geländer und schaute auf das Wasser. Der Schiffsriese zog eine weiße Schaumstraße durch das dunkle Meer.

Wieviel Land und wieviel Wasser mag es geben? Das Meer kann nicht ohne Ende sein, dachte er. Er hatte plötzlich Sehnsucht nach dem festen Land, griff in seine rechte Jackentasche, nahm den Kieselstein von Nachbars Kater und ließ ihn in der Hand rollen. Auf dem Weg zum Vorschiff zählte er seine Schritte. Es waren fünfhundertvierzig. Wenn er bedachte, daß das obere Deck nicht bis an die Schiffsenden ging, kamen wohl noch 60 Schritte dazu. Dieser Schiffsriese ist sechsmal so lang wie mein Garten, dachte er.

Vom Schornstein bis zu der Treppe, die in das Schiffsinnere führte, zählte er einundsechzig Schritte.

ZUM BOOTSDECK zeigte ein Pfeil. Und er ging dem Pfeil nach, neunzehn Stufen nach unten.

ZUM A-DECK zeigte der nächste Pfeil. Wieder neunzehn Stufen nach unten.

Die Erde ist rund

Der Gartenzwerg ging durch eine Tür, kam in einen Gang, der fast so lang war wie das Schiff, und hier fand er endlich Menschen. Sie saßen auf Bänken, schauten auf das Meer, wanderten auf und ab oder lagen in Liegestühlen.

Er ging gleich auf den ersten Herrn zu, der an einem Fenster lehnte.

„Wie groß ist die Welt?“ fragte er.

Der Herr betrachtete ihn von der Zipfelmütze bis zu den Schuhen, schüttelte den Kopf und drehte ihm den Rücken zu.

„Dann entschuldigen Sie“, sagte der Gartenzwerg und ging zu einer jungen Dame, die auf einer Bank saß und las. „Wie groß ist die Welt?“ fragte er sie.

Die junge Dame sah verwirrt von ihrem Buch auf. „Oh“, antwortete sie, „darüber habe ich noch nicht nachgedacht. Sollte ich?“

„Dann entschuldigen Sie“, sagte der Gartenzwerg und ging ein paar Schritte weiter.

„Wie groß ist die Welt?“ fragte er einen Herrn im Liegestuhl.

„Für diese Frage ist der Kapitän zuständig“, antwortete der Herr.

„Wo kann ich den Kapitän finden?“

„Auf der Kommandobrücke.“

„Und wo ist die Kommandobrücke?“

„Ganz vorn und eine Treppe nach oben.“

„Vielen Dank“, sagte der Gartenzwerg und machte sich auf den Weg zum Kapitän.

„Ein komischer Vogel war das“, sagte der Herr zu seiner Frau, die im Liegestuhl neben ihm lag. „Kommt als Gartenzwerg verkleidet daher und stellt dämliche Fragen. ‚Wie groß ist die Welt?‘ fragt der. Daß ich nicht lache!“

„Hier auf dem Schiff ist jeder verkleidet. Auf deinem Hemd steht BOSS, und du bist keiner. Weißt du denn überhaupt, wie groß die Welt ist?“

„Natürlich weiß ich das.“

„Und wie groß ist sie?“

„Reden wir von etwas anderem“, sagte der Herr. „Schließlich sind wir im Urlaub.“

Der Gartenzwerg zählte seine Schritte für den Rückweg.

Als er hundert Schritte gegangen war, kam ihm ein stämmiger Mann entgegen. Er hatte breite Schultern, trug einen dunkelblauen Anzug und eine Mütze mit einem goldenen Anker.

„Wo ist die Treppe zum Kapitän?“ fragte ihn der Gartenzwerg.

„Genau zwölf Schritte hinter meinem Rücken“, antwortete der Mann. Ihm war aufgefallen, daß der Gartenzwerg seine Schritte zählte.

„Und wie erkenne ich den Kapitän?“

„An den vier Goldstreifen am Ärmel. Aber der Kapitän duldet keinen Besuch auf seiner Brücke. Das weiß ich genau. Ich bin der Bootsmann.“

„Ich will ihn gewiß nicht stören“, sagte der Gartenzwerg. „Ich möchte ihn nur fragen, wie groß die Welt ist.“

Der Bootsmann fuhr sich mit der Hand über die Stirn. „Habe ich richtig gehört? Das wollen Sie fragen? Den Kapitän fragen?“

„Vielleicht weiß er es und macht eine Ausnahme mit meinem Besuch“, sagte der Gartenzwerg.

„Das wäre das erste Mal!“ Der stämmige Bootsmann ging weiter und dachte: Der sieht aus wie ein Gartenzwerg und fragt auch so. Unsere Passagiere werden immer seltsamer...

Und der Gartenzwerg dachte: Ich will es trotzdem versuchen!

Sobald der Bootsmann außer Sicht war, machte er zwölf Schritte, zählte sie zu den hundert dazu und öffnete die Tür.

In dem Raum mit vielen großen Fenstern sah er mehrere Herren mit goldenen Ärmelstreifen. Er ging auf den Vierstreifenmann zu. „Darf ich Sie etwas fragen?"

Der Kapitän musterte seinen seltsamen Besucher. „Die Kommandobrücke ist für Passagiere gesperrt. Aber für einen Gartenzwerg will ich heute eine Ausnahme machen", sagte er und lächelte freundlich.

„Ich wollte fragen..." Weiter kam der Gartenzwerg nicht.

Der Herr mit den drei Ärmelstreifen flüsterte dem Kapitän zu: „Der Mann hat Ähnlichkeit mit unserem berühmten Passagier. Er ist wohl schon für den Kostümball verkleidet."

Der Kapitän nickte. „Wie darf ich Sie anreden?" fragte er seinen Besuch.

„Sagen Sie Gartenzwerg zu mir. Ich bin einer."

„Und was kann ich für Sie tun, Herr Gartenzwerg?"

„Bitte, sagen Sie mir, wie groß ist die Welt?“

„Ich kann Ihnen nur sagen, wie groß unsere Erdkugel ist. Aber das sehr genau.“

„Ist die Erde denn eine Kugel?“ fragte der Gartenzwerg verwundert.

„Beinahe. Sie ist nur oben und unten etwas platt.

Bitte informieren Sie den Herrn, Erster“, sagte der Kapitän zu dem Dreistreifenmann.

Und der Dreistreifenmann begann: „Der Erdumfang beträgt vierzigtausendsechsundsiebzigkommaneunzwo Kilometer, umgerechnet sind das einundzwanzigtausendsechshundertneununddreißigkommasechszwoacht Seemeilen. Die Erdoberfläche mißt fünfhundertzehnmillioneneinhunderteintausend Quadratkilometer. Davon sind neunundzwanzigkommazwo Prozent von Land und siebzigkommaacht Prozent mit Wasser bedeckt. Möchten Sie noch etwas wissen?“

„Ja“, sagte der Gartenzwerg. „Wievielmal ist die Erde größer als mein Garten?“

„Das ist eine Sache für Sie, Zweiter“, sagte der Kapitän. „Rechnen Sie das bitte mal aus.“

Der Zweistreifenmann nahm seinen Taschenrechner und fragte: „Wie groß ist denn Ihr Garten?"

„Hundert Menschenschritte lang und vierzig breit", antwortete der Gartenzwerg.

„Hundert mal vierzig Schritte in Doppelschritten sind fünfzig mal zwanzig Meter, genau tausend Quadratmeter", sagte der Zweistreifenmann. „Das läßt sich leicht im Kopf ausrechnen. Dann ist die Erde fünfhundertzehnmilliardeneinhunderteinmillionenmal größer als Ihr Garten."

„Dann ist sie eine riesige Kugel", sagte der Gartenzwerg ehrfürchtig.

„So groß auch wieder nicht. Wenn Sie wollen, bringen wir Sie mit unserem Schiff in sechsundsechzig Tagen rund um die Erde. Und wir kommen genau an der gleichen Stelle an, von der wir abgefahren sind", sagte der Kapitän.

Der Gartenzwerg bedankte sich.

„Ich reise lieber mit meiner Möwe Cosima", sagte er, verließ die Kommandobrücke, und alle sahen ihm nach.

„Donnerwetter!" sagte der Kapitän. „Der hat seine Rolle als Gartenzwerg gut gespielt."

„Und ein Gartenfan scheint er auch zu sein“, sagte der Dreistreifenmann.

Der Gartenzwerg zählte den Rückweg: Zwölf Treppenstufen nach unten, hundertzwölf Schritte durch den Gang, nach links durch die Tür, achtunddreißig Stufen nach oben, einundsechzig Schritte geradeaus, links um den Schornstein herum zur anderen Schiffsseite...

Er stand wieder vor der Windhutze.

„Na, wie groß ist die Welt? Hast du es endlich herausgefunden?“ fragte Cosima.

„Nein. Aber ich weiß jetzt, daß die Erde eine Kugel ist und fünfhundertzehnmilliardeneinhunderteinmillionenmal größer ist als mein Garten“, antwortete Herbert, der ein gutes Gedächtnis für Zahlen hatte.

„Meinetwegen“, sagte Cosima, denn ihr bedeuteten Zahlen nichts. „Ich fliege noch ein wenig“, erklärte sie und schwang sich in die Luft.

Herbert dachte sich wieder gartenklein und stellte sich neben die Schwimmwestenkiste, um auf sie zu warten.

Im großen Schiffssaal waren die Menschen fröhlich und bunt verkleidet. Die Mickymaus tanzte mit dem Schornsteinfeger, die Prinzessin mit dem Astronauten und die Hexe mit dem Pinguin.

Der berühmte Passagier saß am Kapitänstisch. Er war als Cowboy verkleidet.

„Habe ich Sie nicht vorhin auf der Brücke noch als Gartenzwerg gesehen?“ fragte der Kapitän und prostete ihm zu.

„Als Gartenzwerg?“ sagte der berühmte Fahrgast erstaunt. „Bestimmt nicht, ich bin lieber Cowboy.“

Wo ist nur der Gartenzwerg geblieben, überlegte der Kapitän. Er wollte zu gern wissen, wer sich unter dem Kostüm versteckte. Immer wieder sah er sich aufmerksam im Saal um. Der blaugelbe Gartenzwerg war nicht da.

„Entschuldigen Sie mich bitte, ich habe auf der Brücke zu tun“, sagte er und ging aus dem Saal.

„Rufen Sie mir mal den Bootsmann, Zweiter“, sagte der Kapitän auf der Brücke.

Der Zweistreifenmann telefonierte. Kurze Zeit später kam der Bootsmann.

„Bootsmann“, sagte der Kapitän, „auf unserem Schiff geistert ein blaugelber Gartenzwerg herum. Holen Sie sich ein paar Leute zu Hilfe, suchen Sie ihn, und geben Sie Bescheid, wenn Sie ihn gefunden haben.“

Der Bootsmann rief ein paar Matrosen und suchte alle Decks ab. Er suchte gründlich, und er fand ihn.

Herbert stand immer noch neben der Schwimmwestenkiste, stocksteif, wie ein richtiger Gartenzwerg.

„Jetzt schlägt's Dreizehn! Als ich ihn vor der Brückentreppe traf, war er noch groß und lebendig. Jetzt ist er klein und rührt sich nicht. Aber er ist derselbe. Na, der Kapitän wird sich wundern." Und er ging, um ihn zu holen.

Gleich danach kam die Möwe Cosima zurück.

„Du kommst gerade noch rechtzeitig", sagte Herbert aufgeregt. „Der Bootsmann hat mich hier entdeckt. Der Kapitän wird sich wundern, hat er gesagt. Sie suchen mich."

„Dann machen wir uns sofort davon", sagte Cosima.

Der Gartenzwerg dachte sich möwenklein, stieg auf ihren Rücken, und sie flogen davon.

Zwei Minuten später standen Bootsmann und Kapitän vor der Schwimmwestenkiste.

„Nun, wo ist der Gartenzwerg?" fragte der Kapitän und sah sich nach allen Seiten um.

„Hier stand er. Genau hier!“ Der Bootsmann bückte sich und legte seinen Zeigefinger auf die Stelle, wo der Gartenzwerg noch eben gestanden hatte.

„Gartenzwerge können nicht davonfliegen“, sagte der Kapitän. „Schließlich habe ich auf der Brücke selbst mit ihm gesprochen.“

„Und ich vor der Brückentreppe“, sagte der Bootsmann. „Aber hier neben der Kiste stand ein kleiner Gartenzwerg, steif und stumm.“

„Das mag verstehen, wer will“, sagte der Kapitän. „Gute Nacht, Bootsmann.“

Die große Stadt

Der Morgen kam mit steifem Wind und tiefhängenden Wolken. Und noch kein Land in Sicht! Der Gartenzwerg zog die Zipfelmütze fester über den Kopf.

„Kannst du das Land auch wiederfinden?“ fragte er besorgt.

„Der Wind kommt von hinten, er bläst uns hin“, sagte Cosima, „wir können gar nicht vorbeifliegen.“

Der Gartenzwerg war beruhigt. Das Meer sah grau und wild aus, die Wellenkämme schäumten.

Cosima wird schon wissen, wohin sie fliegt, dachte er. Wasser hatte er genug gesehen. Er sehnte sich nach festem Land.

„Ich seh schon die Küste!“ rief Cosima.

Herbert kniff die Augen zusammen. „Ich sehe nur einen dunklen Strich. Ist das Land?“

„Was denn sonst“, sagte Cosima. „Warte ab, bald siehst du mehr.“

Und sie behielt recht. Als sie näherkamen, wurde aus dem dunklen Strich grünes Land mit Bäumen, Häusern und einem Kirchturm.

„Jetzt ist es wohl nicht mehr weit bis nach Hause“, sagte Herbert.

„Hast du es denn so eilig?“

„Nein, aber Sehnsucht nach den Blumen, dem Maulwurf, der Katze und dem Spatz habe ich schon“, sagte der Gartenzwerg.

Mit einer Hand klammerte er sich an den Möwenhals, mit der anderen griff er in die rechte Jackentasche nach dem Kieselstein.

„Ich wollte dir noch die große Stadt zeigen“, sagte Cosima. „Die mußt du gesehen haben, sonst kennst du die Welt nur halb.“

„Was ist eine Stadt?“ fragte Herbert.

„Ein Meer von Häusern, in dem so viele Menschen herumrennen, wie Heringe in einem Schwarm schwimmen.“

„Übertreibst du nicht ein bißchen?“

„Hab ich mit dem Schiffsriesen übertrieben? Oder beim Blauwal?“ fragte Cosima gekränkt.

„Entschuldige, aber einer wie ich, der immer in der Gartenecke gestanden hat, kann sich das nur schwer vorstellen. Ich weiß weder, wie es aussieht, wenn viele Menschen herumrennen, noch wie viele Heringe in einem Schwarm schwimmen.“

„Schon gut“, sagte Cosima und änderte die Flugrichtung nach Süden.

Sie flogen über ein helles, breites Band, das sich endlos weit durch das Land schlängelte.

„Da siehst du eine Straße. Auf ihr flitzen Autos herum. Und die kennst du ja“, sagte Cosima.

„Und der große grüne Fleck vor uns, was ist das?“ fragte Herbert.

„Ein Wald. Da stehen die Bäume so dicht, wie die Häuser in der Stadt.“

„Leben dort auch Möwen?“ fragte Herbert.

„Selten, für uns gibt es dort nichts zu holen. Aber andere Vögel und Tiere mit vier Beinen sind da. Ich kenne zwei ganz gut: kleine Flitzer mit rotem Pelz und buschigem Schwanz, die in den Zweigen herumhüpfen, und große Tiere, die mit einem seltsamen Kopfputz herumstolzieren.“

„Den roten Flitzer kenne ich aus meinem Garten. Ich habe schon mit ihm gesprochen. Er nennt sich Eichhörnchen und ist oft in unserer Ulme zu sehen. Den anderen kenne ich nicht“, sagte Herbert.

„Aber ich. Der heißt manchmal Hirsch und manchmal Reh.“

Sie flogen über einen grünen Deich, hinter dem sich die Häuser duckten, und über einen breiten Fluß, auf dem große und kleine Schiffe fuhren.

„Das ist die richtige Gegend“, sagte Cosima. „Von hier ist es nicht mehr weit bis zur großen Stadt.“

Es dauerte nicht mehr lange, dann ragte der Fernsehturm wie ein langer Bleistift auf, sie sahen die eckigen Klötze der Hochhäuser, die Spitzen der Kirchtürme und die Stahlgerippe der Hafenkräne.

„Kannst du noch höher fliegen, Cosima? Dann könnte ich die Stadt besser übersehen.“

„So hoch, wie du willst." Die Möwe schraubte sich höher hinauf.

Unten klebte Haus an Haus. In dem Gewirr der Straßen krochen lange Autoschlangen.

Die vielen Punkte, die da unten herumwirbeln, müssen Menschen sein, dachte der Gartenzwerg. Von oben gefällt mir die große Stadt. Aber wo sind die Gärten?

„Ich habe Hunger", sagte Cosima, „wir müssen zum Hafen fliegen."

„Sind da auch andere hungrige Möwen?" fragte Herbert.

„Sehr viele."

„Dann setze mich lieber vorher ab, damit sie mich nicht wieder für einen guten Bissen halten", sagte der Gartenzwerg.

Die Möwe schwebte im Gleitflug nach unten. Sie suchte ein passendes Versteck. Weil keine Bäume und Büsche in der Nähe waren, setzte sie Herbert in einem Blumenkübel ab, der neben dem Eingang zur U-Bahn stand.

„Hier hole ich dich wieder ab. Ich hoffe, es dauert nicht lange“, sagte Cosima und flog zu den Kränen hinüber.

Der Gartenzwerg machte es sich auf dem Kübelrand bequem, ließ die Beine baumeln und schaute sich um. Vor ihm, auf der Straßenseite gegenüber, sah er einen merkwürdigen Pfahl. Drei Lampen leuchteten abwechselnd rot, gelb und grün. Wenn er grün sah, rannten die Menschen über die Straße, bei rot fuhren die Autos.

Ein gutes Stück dahinter stand ein riesiges Zelt mit vielen Wagen rundherum. ZIRKUS SARRASANI las er die großen Buchstaben über dem Eingang.

Zirkus? Was mag das sein? dachte er gerade... Dann geschah es: Von einer Handtasche wurde er von seinem Sitz gefegt und fand sich auf dem Pflaster wieder. Nur weil er noch möwenklein war und darum leicht wie ein Blatt, überstand er den Sturz ohne Schaden. Aus Angst vor den großen Menschenschuhen verkroch er sich schnell hinter dem Kübel.

Ich denke mich lieber kindergroß, dann werde ich nicht von den Schuhen plattgetreten. Und da gerade keine Menschen vorbeikamen, tat er es gleich.

Eine Weile stand er noch neben dem Blumenkübel, dann wurde es ihm zu langweilig. Er ging rechts um die Ecke durch den Eingang, in dem viele Leute verschwanden und kam in eine Halle. Plötzlich quoll eine Menschenmenge in die Halle, riß ihn mit, schwemmte ihn durch die Sperre auf eine Rolltreppe. Er rollte nach unten, konnte nicht vor und nicht zurück, war eingeklemmt und hilflos.

„Hätte ich mich doch menschengroß gedacht!“ sagte er leise vor sich hin. Dann wurde er geradeaus geschoben, und noch eine Treppe rollte mit ihm nach unten.

„Anhalten!“ rief er verzweifelt. Aber keiner hörte ihn. Der Menschenstrom schob ihn in einen U-Bahn-Wagen hinein, es quietschte, die Türen schlossen von selbst, der Zug sauste los, vor den Fenstern wurde es dunkel. Er klammerte sich an das nächste Bein, das er greifen konnte.

„Unverantwortlich, so kleine Kinder allein fahren zu lassen!“ sagte eine Stimme hoch über ihm. Sie gehörte zu dem Bein, an dem er sich festhielt.

Vor den Fenstern wurde es wieder hell, es quietschte, die Tür öffnete sich, die Menschen drängten hinaus, rissen ihn mit und stießen ihn gegen etwas Hartes. Es war eine Bank. So schnell er konnte, kroch er darunter. Beine eilten an ihm vorbei, wieder quietschte es, ein Zug hielt, fuhr ab.

Als er keine Beine mehr sah, kroch er unter der Bank hervor. Auf dem Bahnsteig warteten nur wenige Leute. Ein Mann mit roter Mütze stand vor einem Häuschen.

Der Gartenzwerg ging auf ihn zu und fragte: „Wie groß ist die Welt?“

Der Rotbemützte lachte. „Für einen Fahrdienstleiter gibt es nur eine Antwort: So weit, wie seine U-Bahn-Züge fahren. Das ist seine Welt“, antwortete er.

„Was ist eine U-Bahn?“ fragte der Gartenzwerg.

„Eine Bahn, die mal unter und mal über der Erde fährt!“

„Eine Maulwurfsbahn?“

Der Rotbemützte lachte wieder. „Stimmt“, sagte er. „Hast du deine Mutter verloren, Kleiner?“

„Nein, meine weiße Möwe Cosima“, antwortete der Gartenzwerg.

„Moment, die U 3 kommt. Bin gleich wieder da.“ Er eilte davon.

Der Gartenzwerg drückte sich an das Stationshäuschen, der Bahnsteig füllte sich wieder mit Menschen. Zwei Lichter kamen aus der schwarzen Röhre, dahinter die Wagenraupe, es quietschte, es zischte, der Zug hielt. Türen öffneten sich, Menschen quollen heraus, Menschen drängten hinein, Türen schlossen sich, der Zug fuhr ab, und der Mann mit der roten Mütze kam wieder.

„Was ist nun mit der weißen Möwe?“ fragte er.

„Das ist meine Freundin“, sagte der Gartenzwerg. Und dann fiel ihm das große Zirkuszelt ein.

„Wie komme ich zum Zirkus?“ fragte er. „Ganz in der Nähe wollten wir uns treffen.“

„Nun wird mir alles klar. Sie sind der Liliputaner aus dem Zirkus und treten mit einer weißen Möwe auf! – Die U 6 bringt Sie hin. Da kommt sie schon!“

Wieder kam eine Raupe aus der schwarzen Röhre, quietschte, zischte, Menschen stiegen aus, Menschen stiegen ein. Der Rotbemützte brachte den Gartenzwerg an den Zug, schob ihn durch die Tür: „Nicht vergessen! Nächste Haltestelle aussteigen!“ sagte er.

Dann schlossen sich die Türen.

Nun ging alles umgekehrt. Der Gartenzwerg, als letzter eingestiegen, stand an der Tür.

„Nächste Haltestelle aussteigen...“, murmelte er vor sich hin, immer wieder.

Aber alles ging von selber.

Die Fenster wurden hell, die Raupe quietschte, zischte, hielt. Der Gartenzwerg wurde durch die Tür geschoben, die Leute rannten, er mittendrin, Rolltreppe nach oben, geradeaus, noch mal Rolltreppe nach oben, Halle, Ausgang... Und dann stand er wieder neben dem Blumenkübel, wo sein Abenteuer begonnen hatte.

Der Clown

Endlich habe ich den hellen Tag wiedergefunden, dachte der Gartenzwerg, jetzt fehlt mir nur noch Cosima.

Aber er war eingezwängt, sah oben ein wenig Himmel und unten viele Beine. Die Menschen rührten sich nicht von der Stelle. Niemand achtete auf einen Gartenzwerg.

Besser, ich denke mich menschengroß, hier fällt es nicht auf. Und er dachte sich größer, Stück um Stück, bis er seinem Vordermann über die Schulter sehen konnte.

Die Lampe wurde grün. Der Menschenhaufen kam in Bewegung. Alle rannten über die Straße, und er rannte mit. Dann stand er allein da. Ich möchte zu gerne wissen, was ein Zirkus ist, dachte er und ging auf das große Zelt zu. Rundherum standen bunte Wagen mit Fenstern und Türen wie bei einem Haus. Andere Wagen hatten Eisengitter und dahinter Tiere, die er noch nie gesehen hatte.

Menschen rannten an ihm vorbei. Er fühlte sich verlassen. Wo war Cosima? Er schaute nach oben. Nicht eine einzige Möwe!

„Suchst du etwas am Himmel?“ fragte jemand.

„Ich suche meine weiße Möwe Cosima“, antwortete der Gartenzwerg.

Der Mann war bunter gekleidet als er. Rotgelb karierte Hose, schwarzweiß gestreiftes Hemd. Die Schuhe hätten einem Riesen gepaßt und der Hut einem Zwerg, denn der Hut war nicht größer als eine Kaffeetasse. Das Gesicht war weiß geschminkt, die Knollennase rot, aber der Mund lächelte traurig.

„Ich bin der Clown“, sagte der Mann. „Und wer bist du?“

„Ich bin der Gartenzwerg.“

Sie gaben sich die Hand.

„Warum machst du ein trauriges Gesicht?“ fragte der Gartenzwerg.

„Damit kann ich die Menschen zum Lachen bringen“, antwortete der Clown.

„Können sie denn über ein trauriges Gesicht lachen?“

„Die Menschen lachen gern über einen, der alles verkehrt macht und traurig ist, weil er nicht weiß, was jeder weiß. Das spielt ihnen der Clown vor.“

„Ich weiß auch nicht, was jeder weiß", sagte der Gartenzwerg, „darum frage ich die Menschen."

„Und was fragst du sie?"

„Wie groß ist die Welt? frage ich."

„Und was antwortet man dir?"

„Jeder etwas anderes", sagte der Gartenzwerg. „Der Zweistreifenmann auf dem Schiffsriesen hat mir ausgerechnet, daß die Erde fünfhundertzehnmilliardeneinhunderteinmillionenmal größer ist als mein Garten."

„Die Erde ist nur ein Teil der Welt", sagte der Clown.

„Ist die Welt denn noch größer?"

„Noch viel größer!"

„Wie groß?"

„Bevor wir davon reden, wüßte ich gern, ob du unser neuer Zauberer bist?"

„Was ist ein Zauberer?" fragte der Gartenzwerg.

„Einer, der anderen vormacht, was nicht sein kann."

„Und glauben die Menschen dem Zauberer?"

„Viele lassen sich gern etwas vorzaubern. Andere wissen, daß Zauberei nur ein Trick ist."

„Ich bin kein Zauberer,
ich bin ein Gartenzwerg.
Aber die meisten glauben mir nicht,
wenn ich ihnen die Wahrheit sage."

„Ich glaube dir", sagte der Clown. „Aber wie kommt ein Gartenzwerg, der kein Zauberer ist, in den Zirkus?"

„Aus Neugier und weil ich von meiner Möwe Cosima getrennt wurde", antwortete der Gartenzwerg, „und nur auf ihrem Rücken kann ich in meinen Garten zurückkehren."

„Auf einem Möwenrücken fliegen ist wohl die beste Art zu reisen", sagte der Clown nachdenklich. „Wie kommt es mit deiner Größe hin? Du bist doch zu groß und zu schwer. Ich kenne bisher nur kleine Gartenzwerge, und selbst die könnte keine Möwe auf ihrem Rücken tragen."

„Ich kann mich groß oder klein denken, wie ich es gerade brauche", sagte der Gartenzwerg.

„Das möchte ich auch können", sagte der Clown.

Und dann landete die Möwe Cosima auf Herberts linker Schulter.

„Überall habe ich dich gesucht“, sagte sie. „Und wo finde ich dich? Im Zirkus!“

„Vorher mußte ich mit der U-Bahn fahren“, sagte Herbert.

„Keiner muß, wenn er nicht will, meine ich“, sagte Cosima. „Du hättest mir wenigstens Bescheid sagen können!“

„Ich konnte nicht. Ich war in einem Menschenhaufen eingeklemmt und wurde mitgezogen, in einen U-Bahn-Wagen hinein. Dann sauste ich wie ein Maulwurf unter der Erde durch einen dunklen Gang.“

„Hauptsache, wir haben uns wiedergefunden!“ sagte die Möwe Cosima. Dann fragte sie den Clown: „Gibt es im Zirkus für Möwen etwas zu fressen?“

„Reichlich!“ sagte der Clown. „Worauf hast du Appetit?“

„Auf alles. Am liebsten ist mir Fisch, wenn er gerade zu haben ist."

„Fisch kann ich für dich bei den Seelöwen bekommen. Wartet hier auf mich."

Es dauerte nicht lange, und er kam mit einem kleinen Eimer Heringe zurück.

„Laß es dir schmecken", sagte der Clown und winkte den Gartenzwerg in seinen Wagen hinein. „Zirkusleute wohnen auf Rädern, wenn sie unterwegs sind."

„Hast du auch ein festes Haus?" fragte der Gartenzwerg.

„Ich habe ein Haus, einen Garten mit Blumen, Büschen und Bäumen."

Der Gartenzwerg griff in die Tasche und holte den Kieselstein heraus.

„Nachbars Kater hat ihn mir geschenkt, und wenn ich Sehnsucht nach meinem Garten habe, nehme ich ihn in die Hand."

Sie schwiegen eine Weile.

„Ich bin auch neugierig", sagte der Clown. „Wie machst du das eigentlich mit dem Groß- und Kleindenken?"

„Einfach so!" sagte der Gartenzwerg, stand auf, dachte sich zuerst möwenklein, dann gartengroß, dann kindergroß, dann menschengroß, und dann stieß er mit dem Kopf an die Decke.

„Oh, das war ein bißchen zu groß", sagte er und dachte sich einen Kopf kleiner.

„Was man mit Denken nicht alles machen kann!" rief der Clown. Und dann machte er seine Augen zu.

„Bist du müde?" fragte der Gartenzwerg.

„Nein, ich bin gerade anderswo", sagte der Clown.

„Wo denn?"

„Auf einer Insel in einem großen blauen Meer."

„Und was willst du dort?"

„Kokosnüsse pflücken", sagte der Clown und machte seine Augen wieder auf. „Ich kann mich auch auf den Mond denken."

„Tu das bitte und erzähl mir, wie es dort aussieht."

Der Clown machte die Augen wieder zu.

„Es sieht nicht so freundlich und bunt aus wie auf unserer Erde“, berichtete er. „Kein Baum, keine Blumen, kein Wasser, keine weißen Möwen. Nur Steine, Staub und große, tiefe Löcher.“

„Von hier aus kann ich den Mond sehen, kannst du von dort die Erde sehen?“

„Ganz deutlich. Sie ist ein riesengroßer, blauer Ball“, sagte der Clown und machte die Augen wieder auf.

„Kannst du dich überallhin denken?“ fragte der Gartenzwerg.

„Überallhin und sogar viele Jahre voraus und zurück.“

„Was man mit Denken nicht alles machen kann“, sagte der Gartenzwerg.

Und sie schwiegen wieder eine Weile.

Dann fragte der Gartenzwerg: „Die Autos, die Flugmaschinen, die Schiffsriesen und Bohrinseln auf Beinen, haben die Menschen sich das auch ausgedacht?“

„Zuerst haben sie davon geträumt, dann haben sie es sich gewünscht, und dann haben sie es gebaut“, antwortete der Clown.

„Können die Menschen denn alles?“ fragte der Gartenzwerg.

„Sonne und Mond können sie nicht anhalten“, sagte der Clown.

„Sind Sonne und Mond auch Welt?“

„Der ganze große Sternenhimmel ist Welt.“

„Und wie groß ist die Welt mit dem Sternenhimmel?“

„Das weiß ich nicht.“

„Gibt es einen, der es weiß?“

„Der, der die Welt gemacht hat, weiß es.“

„Und wer *hat* die Welt gemacht?“

„Gott“, antwortete der Clown.

„Wo kann ich ihn treffen?“ fragte der Gartenzwerg.

„Niemand kann ihn sehen, hören oder anfassen. Aber er weiß alles.“

„Auch, daß weiße Möwen zu schwarzen Klumpen werden?“ fragte der Gartenzwerg.

„Er weiß es“, sagte der Clown.

Herbert dachte wieder an seinen Garten, an das Meer und an die Möwe Cosima. „Warum beschützt er die Möwen nicht?“ fragte er.

„Das sollten die Menschen tun. Ihnen hat er die Erde anvertraut“, antwortete der Clown.

Durch das Wohnwagenfenster sah der Gartenzwerg den Himmel.

„Du kannst dich doch wegdenken", sagte er. „Kannst du auch alle Möwen wegdenken? Nicht für immer, meine ich. Nur für kurze Zeit. Dann sehen die Menschen, wie leer der Himmel ist ohne Möwen."

Jetzt segelte Cosima durch die offene Wagentür und landete auf dem Tisch. „Habt ihr von mir gesprochen?" fragte sie.

„Das auch", sagte der Gartenzwerg. „Es ist gut, daß du bei uns bist."

„Hast du nun genug erfahren? Können wir abfliegen? Ich möchte dich nicht wieder verlieren."

„Ich weiß, was ich wissen muß", sagte der Gartenzwerg, nahm den Kirschkern aus der Jackentasche und rollte ihn in der Hand.

„Das sieht aus wie ein Kirschkern", sagte der Clown.

„Das *ist* ein Kirschkern. Den hat mir der Spatz geschenkt. Ich bringe ihn zurück in meinen Garten und werde ihn in die Erde legen."

„Und es wird ein Kirschbaum daraus", sagte der Clown.

Dann gaben sie sich zum Abschied die Hand.

Cosima hatte sich schon auf den Fußboden gesetzt. Herbert dachte sich klein, stieg auf den Möwenrücken, und sie flogen davon.

Cosima drehte noch zwei Kreise über dem Zirkuszelt. Der Clown stand vor seinem Wohnwagen und winkte.

„Wem winkst du da oben?“ fragte der Zirkusreiter. Er kam gerade vorbei.

„Ich winke einem Gartenzwerg nach“, antwortete der Clown.

Der Zirkusreiter schüttelte den Kopf. Ein bißchen wunderlich sind sie alle, diese Clowns, dachte er.

Wie groß ist die Welt?

„Wir sind da!“ rief Cosima.

Sie legte sich in die Kurve, segelte im Gleitflug nach unten und landete vor dem Holunderstrauch.

Herbert stieg von ihrem Rücken und dachte sich wieder gartengroß.

„Hast du immer noch Angst vor dieser gräßlichen Mülltonne?“ fragte Cosima.

„Sie kann mir gestohlen bleiben. Ich kenne die Welt!“ sagte Herbert und gab der Tonne einen gehörigen Fußtritt.

„Dann gucke ich mal eben nach dem Kompost.“ Die Möwe flog zur anderen Gartenecke hinüber.

Der Gartenzwerg ließ seine Augen herumwandern. Es hatte sich nichts verändert. Die Ulme stand aufrecht wie immer und breitete ihre Äste schützend über die Maulwurfshügel. Die Tulpen zeigten noch rote Farbe, und das Spatzennest in der Giebelecke sah genauso unordentlich aus, wie er es bei der Abreise gesehen hatte. Nachbars Kater war nirgends zu sehen. Er streichelte wohl eine seiner Freundinnen.

„Ich bin zu Hause“, sagte Herbert, der Gartenzwerg, laut.

Cosima kam vom Komposthaufen zurück.

„Nicht so ergiebig wie beim letzten Mal, als wir abflogen“, sagte sie. „Ein fauler Apfel und ein Stück Rollmops. Da haben wir unterwegs Besseres gehabt.“ Die Möwe glättete ihr Gefieder mit dem Schnabel. „Muß ich mich um dich sorgen, wenn ich dich allein lasse?“

„Nimmermehr!“ sagte Herbert selbstbewußt. „Ich nehme meine Sachen und setze mich, wohin ich mag. Vielleicht auf den Wall zwischen die Heckenrosen, oder neben einen Maulwurfshügel, oder mitten zwischen die Tulpen, und wenn ich gerade Lust habe, auch oben auf die Mülltonne.“

„Und was werden deine Leute dazu sagen?“

„Was kümmern mich die Leute! Ich bin weitgereist und habe viel gelernt. Ich bin ich!“

„Das wollte ich bloß hören. Nun kann ich beruhigt wegfliegen“, sagte die Möwe. „Bis bald, Herbert!“

„Bis bald, Cosima!“

Cosima schwang sich in die Luft, und Herbert warf ihr eine Kußhand zu.

Und dann schlug die Kirchturmuhr drei.

„Bin wieder da!" sagte der Gartenzwerg zu den Tulpen.

Die Tulpen öffneten ihre Kelche. „Wie schön!" sagten sie, „wir haben dich sehr vermißt, Herbert. Wirst du uns von der großen Welt erzählen?"

„Gleich", sagte der Gartenzwerg und ging zum Rasen hinüber.

„Bin wieder da!" rief er in fünf Maulwurfshügel hinein. Und erst aus dem fünften streckte der Maulwurf seinen Kopf heraus.

„Freut mich, Herbert", sagte er. „Und ich war sicher, daß du dir den Hals brechen würdest. Erzählst du mal von dieser komischen Welt über der Erde?"

„Gleich, bei den Tulpen. Sie können sich nicht von ihrem Beet rühren und möchten auch zuhören", sagte der Gartenzwerg.

„Ich bringe meine Frau mit", sagte der Maulwurf und tauchte im fünften Hügel unter.

„Bin wieder da!" rief der Gartenzwerg zum Spatzennest hinauf.

„Soll mir recht sein!" rief der Spatz zurück. „Erzählst du mir von dieser großen Welt?"

„Ich dachte, sie geht dich nichts an?"

„Jetzt wieder. Ich und meine Frau wechseln uns beim Brüten ab."

„Dann bis gleich, bei den Tulpen", sagte der Gartenzwerg und dachte: Jetzt fehlt noch Nachbars Kater, dann sind alle beisammen.

Da kam Nachbars Kater auch schon über den Wall gesprungen. „Endlich bist du zurück, Herbert!" sagte er und hielt gleich den Nacken zum Kraulen hin. „Wie groß ist denn nun die Welt? Hast du's rausgekriegt?"

„Erzähl ich gleich bei den Tulpen", sagte der Gartenzwerg.

„Darf ich meine Freundin, die Weiße mit den schwarzen Pfoten, mitbringen?"

„Gewiß doch", sagte der Gartenzwerg.

Die Tulpen warteten mit geöffneten Kelchen. Der Maulwurf und seine Frau kauten Engerlinge. Sie hatten sich einen Vorrat mitgebracht. Aber nicht der Spatz, die Spätzin kam. „Er war mit dem Brüten an der Reihe. Wir haben feste Zeiten vereinbart", sagte sie.

Nachbars Kater streichelte seine Weiße und ließ sich seinerseits vom Gartenzwerg kraulen.

„Fang endlich an!" sagte der Maulwurf.

Und der Gartenzwerg fing an: „Als ich die weiße Möwe Cosima kennenlernte ..."

Dann erzählte er seine Geschichte vom Anfang bis zum Ende, vom Fischkutter bis zum Schiffsriesen, vom Blauwal bis zum Zirkusclown.

Und als er fertig war, schlug die Kirchturmuhr vier.

Die Tulpen schlossen ihre Kelche. Der Maulwurf und seine Frau verschwanden im achten und im elften Hügel. Die Spätzin setzte sich auf die Eier und berichtete ihrem Spatz, was sie gehört hatte. Nachbars Kater brachte seine Freundin zum letzten Haus im Dorf. Und der Gartenzwerg pflanzte den Kirschkern.

Dann holte er Hocker und Buch unter dem Holunderstrauch hervor, setzte sich, legte das Buch auf die Knie und dachte nach.

Wie groß ist die Welt?

Für die Tulpe so groß wie das Beet.

Für den Maulwurf so weit, wie er wühlen kann.

Für Nachbars Kater bis zum letzten Haus im Dorf.

Für den Blauwal so groß wie das Meer.

Für den Werkmeister so groß... Und dann kam der Hubschrauber.

Für den Kapitän so groß, wie die Erde rund ist.

Und der Clown denkt sich auf den Mond...

Herbert schaute zur Mülltonne hinüber und dann in den Himmel hinauf zu den Sternen.

Irgendwo flog Cosima, die weiße Möwe.

Der Gartenzwerg Herbert nahm einen kleinen spitzen Stein und ritzte auf die rechte, die leere Seite seines Buches:

So groß
so klein
so weit, wie ihr denken könnt.

Und dann schlug die Kirchturmuhr fünf.